MANUAL DE EQUITACIÓN

Helen Edom
y Lesley Sim

Contenido

susaeta

Conceptos básicos _____

Con este libro aprenderás a montar en poni de forma segura mientras éste camina, trota, cabalga e incluso salta. Podrás descubrir cómo hacerle entender lo que quieres que haga. Y en la parte final del libro aprenderás los cuidados básicos del poni.

¿Cómo vestirse?

Debes ponerte ropa cómoda y utilizar calzado resistente o botas. También necesitas un casco de equitación, que evitará que te hagas daño en la cabeza si te caes. En muchas escuelas de equitación prestan el casco para las primeras clases.

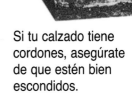

Éste es un protector para la espalda que se utiliza para saltar.

El casco de equitación tiene una tira para que se sujete firme.

Los guantes de montar evitan las rozaduras en las manos.

Si tu calzado tiene cordones, asegúrate de que estén bien escondidos.

La silla de montar y la brida

Los ponis llevan una silla de montar y una brida para hacer que montar a caballo sea más fácil. La silla de montar es como un asiento de cuero en la espalda del animal. La brida está abrochada alrededor de su cabeza. Utiliza la brida para dirigir al poni. Los ponis también llevan una correa para el cuello. Al principio, puedes sujetarte de la correa del cuello para mantener el equilibrio.

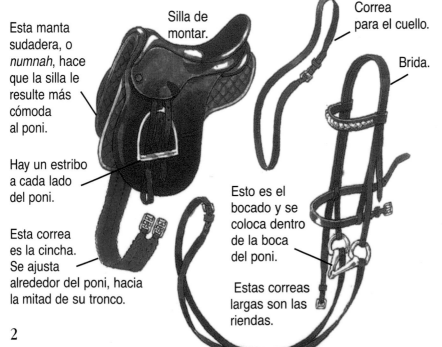

Esta manta sudadera, o *numnah*, hace que la silla le resulte más cómoda al poni.

Silla de montar.

Correa para el cuello.

Brida.

Hay un estribo a cada lado del poni.

Esto es el bocado y se coloca dentro de la boca del poni.

Esta correa es la cincha. Se ajusta alrededor del poni, hacia la mitad de su tronco.

Estas correas largas son las riendas.

Sé prudente

Camina siempre alrededor de la parte frontal del caballo, nunca por detrás; porque los ponis pueden darte una coz con las patas traseras si están asustados.

Diferentes colores

Hay ponis de todos los colores. Y cada tipo tiene su nombre propio. Aquí tienes algunos de los que te puedes encontrar:

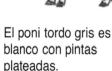

Los ponis Palomino tienen el cuerpo dorado y la cola y las crines blancas.

El poni tordo gris es blanco con pintas plateadas.

Los ponis pintos tienen manchas blancas y negras por todo el cuerpo.

Acercarse a un poni

Un ayudante sujetará al poni.

El hombro del poni está justo delante de la silla de montar.

Los ponis de las escuelas de equitación están acostumbrados a que los monten muchos jinetes.

Antes de subir a un poni, si es posible averigua su nombre. Di su nombre en voz alta, despacito, y camina hasta su hombro. Realiza los movimientos regulares de tal forma que no le sorprendas ni le asustes. Acaricia el cuello del animal. A la mayoría de los ponis también les gusta que les rasquen con suavidad las crines.

Colócate a un lado del poni para que no te pise si se mueve.

Cómo subirse a un poni

Subir a un poni se llama montar. Al principio, te resultará más fácil si alguien te ayuda. Más adelante podrás aprender a subirte al poni tú solo.

Un ayudante sujeta la cabeza del poni. Sin la ayuda de otra persona, puede pasar que el poni eche a caminar mientras tú intentas subirte a él.

Antes de montar

Esto debe estar bien apretado.

Cincha

Estribo.

Estas tiras de cuero se llaman acciones del estribo.

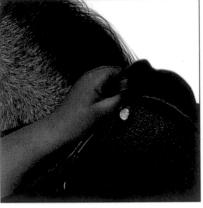

1. Desliza los dedos por debajo de la cincha. Si está suelta, pide ayuda para apretarla hasta que la silla esté bien sujeta.

2. Prepara los estribos. Coge cada estribo y deslízalo hasta el final de la acción del estribo.

3. Coge las riendas y sujétalas en la mano izquierda, como en la fotografía. Te será de ayuda también agarrar algún mechón de la crin.

Con una pierna en alto

1. Sujeta las riendas en la mano izquierda y ponte de cara al hombro izquierdo del poni. Apoya tu mano izquierda sobre el cuello del animal y coloca la mano derecha sobre la parte delantera de la silla.

2. Dobla la rodilla izquierda de tal forma que un ayudante pueda sujetarte la pierna. Él contará hasta tres y entonces te empujará hacia arriba. No te preocupes si tiras de la crin del poni.

3. Pasa tu pierna derecha por encima de la espalda del poni de tal forma que aterrices con suavidad sobre la silla. Acuérdate de retirar la mano derecha de la silla cuando te sientes.

Montar tú solo

1. Colócate junto al hombro izquierdo del poni mirando hacia su cola. Sujeta las riendas como antes, lanzando los extremos sobre el cuello del poni para que no estén en medio.

2. Gira el estribo hacia ti con tu mano derecha y mete dentro el pie izquierdo. Descansa tu mano izquierda sobre el cuello del poni tal y como se muestra en la página anterior.

3. Coloca la mano derecha en la parte frontal de la silla. Sujetando todavía las riendas con la mano izquierda, salta sobre tu pierna derecha hasta que estés de cara a la silla de montar.

Ponis altos

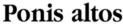

4. Ahora, brinca sobre tu pierna derecha para impulsarte hacia arriba. Ponte de pie sobre el estribo con el pie izquierdo. Utiliza la parte frontal de la silla para ayudarte a coger impulso.

5. Pasa la pierna derecha por encima de la silla, retirando la mano derecha de la silla como has visto en la página anterior. Procura sentarte con suavidad para no hacer daño al poni en la espalda.

Cuando quieras montar un poni alto, te resultará más fácil alcanzar el estribo si utilizas una caja rígida. En algunos establos utilizan cajas de refrescos o balas de heno.

Cómo sentarse en un poni

Cuando estés aprendiendo a montar, un ayudante guiará tu poni. Así tú podrás aprender a sentarte de forma segura sin preocuparte de guiar al poni.

Las riendas

Mientras estás aprendiendo, haz un nudo con las riendas para que no te estorben.

Los estribos

Para poner el pie en el estribo, levanta las rodillas y gira los dedos del pie.

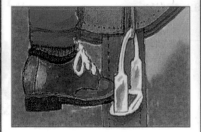

Trata de introducir los pies en el estribo sin mirar.

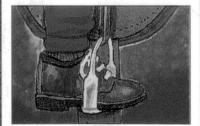

La parte más ancha de tu pie descansa en el estribo.

Sentarse cómodamente

Para sentarte cómodamente sobre el poni, siéntate en el centro de la silla. Deja que tus piernas cuelguen sueltas de tal forma que su peso descanse en los estribos.

Flexiona los codos de modo que tus manos queden justo encima del cuello del poni. Prueba a montar así un tiempo antes de coger las riendas.

Siéntate de modo que tu cabeza, tus caderas y tus talones estén en línea recta.

Si sientes que te tambaleas, sujétate a la correa del cuello o a la silla.

Tus talones deben está ligeramente por debajo de los dedos de los pies.

El ayudante sujeta al poni con una correa que se llama ramal.

Ajustar los estribos

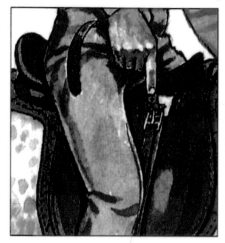

1. Si te parece que tus estribos son demasiado largos o demasiado cortos, sujeta el extremo de la acción del estribo, tira hacia arriba y suelta la hebilla con el dedo.

2. Desliza el cuero arriba o abajo hasta que el estribo te resulte cómodo. Intenta hacer esta operación con una sola mano, manteniendo el pie dentro del estribo.

3. Fija la hebilla en el agujero más cercano y esconde el extremo del cuero debajo de tu pierna. Asegúrate de que está plano o te hará rozadura en la pierna.

Pon a prueba tu equilibrio

Intenta realizar estos ejercicios de equilibrio mientras alguien sujeta al poni.

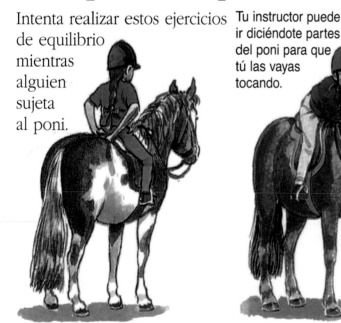

Tu instructor puede ir diciéndote partes del poni para que tú las vayas tocando.

Procura mantener quietas las piernas cuando te giras.

Con ambas manos, tócate las rodillas, después baja hasta tocar los dedos de los pies. Incorpórate y toca la parte trasera de la silla.

Cada vez con una mano, acaricia el cuello del poni. Mira a ver si llegas a tocar la cabeza del poni. Intenta ir un poco más lejos cada vez.

Estira los brazos y gíralos de tal forma que uno apunte a las orejas del poni y el otro a la cola. Después, prueba por el otro lado.

Los primeros pasos

El poni mueve una pata cada vez al andar. Notarás un ligero bache cada vez que mueve una pata.

Siéntate tranquilo, irguiéndote todo lo que puedas. Esto hará que el poni se sienta cómodo.

Si alguien te lleva, no necesitas las riendas.

Si te mueves a los lados o te inclinas hacia delante, como en la ilustración, el poni sentirá que eres incómodo de llevar.

Debes sentirte cómodo, no estar rígido.

Trata de mantener el equilibrio incluso cuando el poni se detiene o echa a andar. Sujétate a la correa del cuello hasta que te sientas completamente preparado.

Cómo mejorar el equilibrio

Cuando estés preparado, existen más ejercicios que te ayudarán a mejorar tu equilibrio. Pregunta si puedes realizarlos mientras el poni está caminando.

Extiende los brazos hacia delante y dibuja círculos con las manos por encima de tus hombros.

Tócate la cabeza y las rodillas; después, tócate las manos por detrás de la espalda.

Cómo sujetar las riendas

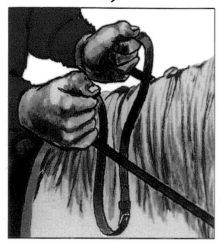

Simplemente deberías ser capaz de sentir la boca del poni.

Una vez que sepas mantener el equilibrio realmente bien, aprende a sujetar las riendas. Deshaz el nudo y coge cada lado de la rienda en una mano. Coloca el dedo pulgar como en la ilustración.

Después, coloca el meñique por debajo de las riendas. Mantén las manos cerradas con suavidad, de tal forma que no las agarres apretando demasiado. Asegúrate de que las manos están niveladas.

Recuerda siempre que las riendas van hasta un bocado de metal que está dentro de la boca del poni. Si das un tirón con las riendas puedes herirle.

Practicar en casa

Coloca en fila dos sillas, una enfrente de la otra. Ata un trozo largo de cuerda a cada lado de la silla de delante. No tires muy fuerte de la silla o de lo contrario se caerá.

Mira qué pronto aprendes a colocar los dedos de la forma adecuada.

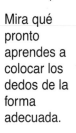

Montar en un picadero

Es más seguro que empieces a montar en una zona cercada que se llama picadero. Tu profesor, o instructor, se coloca en el centro y te va diciendo qué hacer. En ocasiones tu controlará tu poni con una larga cuerda llamada ramal.

Con el ramal puesto el poni se mueve en círculos alrededor del instructor.

Cómo ir donde tú quieras

Para indicar al poni lo que quieres que haga puedes darle instrucciones con la voz, con las piernas y con las manos. Cuando puedas dar indicaciones claras, podrás dirigir tú solo al poni.

Pide a tu poni que eche a andar

Golpea así.

Cuando presiones con los talones al poni, intenta mantener quieto el resto del cuerpo.

Cuando quieras que tu poni eche a andar o que vaya más rápido, golpea con los talones en sus costados. Acompaña este golpecito con un «arre»

dicho con firmeza. Procura no tirar de las riendas hacia atrás cuando el poni comience a andar. Di «buen poni» tan pronto como obedezca.

Acortar las riendas

Si tus riendas son demasiado largas, el poni no podrá sentir en la boca las órdenes que le des. Utiliza el pulgar y el índice para tirar de la rienda de la otra mano.

Esta mano permanece sin moverse

Esta mano tira.

Las riendas se deslizan entre los dedos.

Pide a tu poni que se detenga

Nunca tires durante mucho tiempo.

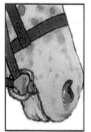

Las riendas ejercen presión en la boca del poni.

Yérguete y junta un instante las piernas a los costados del poni. Echa las manos atrás para tensar las riendas.

Suelta las riendas y prueba una y otra vez hasta que el poni se detenga. Acompaña estos movimientos de un «sooo» dicho con calma.

Este jinete está practicando giros y cómo parar.

10

Cómo hacer que el poni gire

Para girar a la izquierda, agarra con fuerza las riendas con la mano izquierda y tira un poco de ellas hacia atrás. Deja que tu otra mano vaya hacia delante cuando el poni gire la cabeza.

Tira de tu mano derecha hacia atrás cuando quieras ir a la derecha. Ten cuidado de sentarte derecho. Cuando gires, haz que tu poni se mueva sin cesar apretando con ambos talones.

Practica tus habilidades

Tu instructor puede poner unos conos en círculo en el picadero para ayudarte a practicar los giros. También podrías conducir a tu poni dentro y fuera de una línea de postes de plástico o tratar de rodear postes.

Recuerda mirar directo al punto al que quieres ir.

El escondite inglés a caballo

Dibuja dos líneas en el suelo. Un amigo se coloca detrás de una de las líneas de espaldas a los jinetes, que se alinean detrás de la otra línea.

Dibuja las líneas alejadas unos 15 m.

El que la liga cuenta en voz alta hasta diez y los jinetes avanzan hacia él. Cuando el que la liga diga «diez», se girará y los demás se pararán. Quien todavía esté en movimiento, tendrá que volver a la línea de salida. El que la liga se da la vuelta y vuelve a contar. El primer jinete que llegue hasta él, gana.

Cuando tuerzas, mantén al poni en movimiento golpeándole con ambos talones.

Realiza los cambios de dirección tan suavemente como puedas.

Cómo trotar

Los ponis mueven dos patas cada vez al trotar . Esto hace que el trote parezca más accidentado que el paso.

Mira a ver si puedes subir y bajar con los brazos cruzados.

Ata un nudo a las riendas para que no te estorben.

Al principio, cuando empieces a trotar te guiarán de modo que puedas sentarte quieto sujeto a la silla simplemente. Se trata de un trote sentado. Intenta contar «uno, dos» al ritmo que bota el poni.

Trotar es más fácil si subes y bajas. Cuando te hayas acostumbrado al trote de tu poni, practica a subir mientras el animal está quieto.

Para subir, inclínate un poco hacia delante y empuja en los estribos para levantar el trasero de la silla. Cuando bajes de nuevo, procura aterrizar suavemente.

Trote levantado

Ayúdate utilizando la correa del cuello.

No subas demasiado alto.

Ten cuidado de no tirar de las riendas.

Para intentar subir mientras el poni trota, cuenta «uno, dos» otra vez al ritmo de los botecitos. Sube cuando digas «uno».

Siéntate cuando digas «dos», pero estate preparado para volver a subir tan pronto como toques de nuevo la silla.

Una vez que puedas subir y bajar de forma regular, podrás sujetar las riendas de tal forma que puedas conducir tú al poni.

Pasar del paso al trote

Para trotar necesitas riendas más cortas porque el poni mantiene la cabeza más alta. Acórtalas justo antes de empezar a trotar.

Entonces taconea al poni en los costados con ambos talones y di con energía «al trote». Siéntate en los primeros botecitos y después comienza a subir y a bajar.

Para volver al paso, junta un momento las piernas y di «al paso». Estira y suelta las riendas hasta que el poni obedezca.

Un consejo

Si el trote sentado es demasiado accidentado para ti, sujétate a la parte frontal de la silla con una mano para conseguir que el trasero permanezca quieto en la silla.

Laberinto al trote

Para que puedas practicar a conducir al poni, pide a tu instructor que delimite un recorrido colocando pares de conos de plástico, como en el dibujo. Después, mira a ver si puedes hacer que tu poni trote entre cada pareja de conos. Vuelve a empezar desde el principio si por el camino te has olvidado alguno.

Utiliza las piernas para hacer que tu poni siga avanzando mientras le indicas la dirección con las riendas.

Intenta no ir demasiado rápido.

Cómo bajar del poni

En estas páginas encontrarás cómo bajar del poni y cómo guiarlo de forma segura. Bajar también se llama desmontar o descabalgar. Antes de empezar a desmontar, haz que el poni se pare del todo.

Cuando te inclines hacia delante, coge impulso para pasar la pierna por encima de la silla.

Practica a montar y desmontar por ambos lados.

Desmontar

Mantén la pierna recta o de lo contrario puede quedarse trabada en la silla.

1. Saca ambos pies de los estribos. Después, sujeta las riendas con la mano izquierda y apóyala sobre el cuello del poni, como en el segundo dibujo.

2. Pon la mano derecha en la parte delantera de la silla. Ahora inclínate hacia delante y pasa la pierna derecha por encima de la silla.

3. Mantén la mano izquierda en las riendas cuando aterrices. Ten cuidado de no golpear al poni con la pierna derecha cuando desmontes.

Cómo correr hacia arriba los estribos

Desliza el estribo hacia arriba por el lado de la acción del estribo que está tocando la silla.

Recuerda mantener sujetas las riendas todo el tiempo.

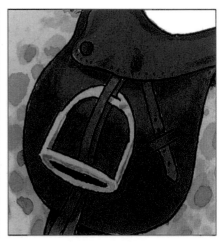

Debes correr los estribos hacia arriba o de lo contrario irán golpeando al poni.

Siempre que guíes al poni, corre hacia arriba los estribos. Sigue sujetando las riendas y desliza el estribo hacia la parte alta de la acción del estribo.

Luego, coge el estribo con la mano izquierda –con la que sujetas las riendas– y pasa la tira de cuero hacia atrás con la mano derecha.

Cuando hayas acabado, los estribos deben quedar como en el dibujo. Prueba a jugar a los «sacos musicales» para practicar este ejercicio con los estribos.

Cómo guiar a un poni

Colócate de pie en el lado izquierdo del poni y tira de las riendas por encima de su cabeza. Así te resultará más fácil guiarlo.

Con la mano derecha, sujeta ambas riendas cerca de la boca del poni. Agarra el extremo de las riendas con la mano izquierda para no tropezar con ellas.

Di «arre» y comienza a andar; el poni debería andar a tu lado. Cuando quieras que pare di «soo» con calma y quédate quieto.

Colócate junto al hombro del poni.

Algunos instructores puede que te digan que agarres las riendas con el dedo meñique colocado próximo a la boca.

Un consejo

Nunca debes enrollar las riendas alrededor de tu mano o de lo contrario no podrás quitártelas rápidamente si lo necesitas.

El juego de los sacos musicales

Los jugadores deben correr hacia arriba los estribos antes de guiar al poni.

Puedes jugar a los «sacos musicales» con amigos y con el instructor o ayudante. Necesitas una radio y algunos sacos. El ayudante coloca en el suelo un saco para cada participante, menos para uno. Los jugadores montan en círculo mientras el ayudante pone la música.

Cuando el ayudante para la música, los jinetes descabalgan y llevan de las riendas a los ponis hasta un saco. El jinete que se quede sin saco, queda eliminado. El ayudante quita un saco y pone de nuevo la música. Los demás montan de nuevo en círculo y el juego continúa de igual manera hasta que sólo quede un jinete.

Cómo montar mejor

Hace falta practicar mucho para llegar a ser un buen jinete y hacer que tu poni haga lo que tú quieres. Trabajar ejercicios en el picadero te ayudará a aprender a controlar totalmente a tu poni.

Movimientos en el picadero

El instructor utilizará órdenes especiales para decirte lo que tienes que hacer. «Dar vueltas» significa ir alrededor del picadero. Si vas hacia la izquierda, estarás «en la rienda izquierda». Y si vas hacia la derecha estarás «en la rienda derecha». Con «cambio de rienda», todos giran, uno detrás de otro y van hacia el otro lado.

Cuando estás «en la rienda izquierda» todos tus giros deberán ser hacia la izquierda.

Al centro

Con «al centro y parados» todos sacan el poni de la pista y van hacia el centro del picadero. Después se detienen y paran formando una línea.

Utilizar la fusta

Sujeta la fusta de tal forma que descanse sobre tu pierna.

Cuando sepas montar bien, podrás llevar una fusta. Úsala sólo si el poni no obedece tus indicaciones con las piernas.

La fusta recuerda al poni que tiene que obedecer tus indicaciones.

Coge las riendas con una mano. Con la otra mano pega al poni con la fusta una vez, justo junto a tu pierna.

Cosas que hay que recordar

Ésta es la distancia de seguridad entre ponis.

Aquí los ponis están demasiado cerca.

Cuando estés girando, empuja con la pierna de la parte interna de la curva.

Cuando mantienes la distancia de seguridad, puedes ver el final de la cola del poni de delante a través de las orejas del tuyo.

Siéntate tranquilo y mantén la cabeza, las caderas y los talones en una línea recta. Utiliza las indicaciones que has aprendido para hacer que el poni se mantenga en continuo movimiento.

Conduce con cuidado en las esquinas del picadero. Puedes hacer que tu poni deje de cortar una esquina empujando su costado con tu pierna.

Mantén siempre una distancia de seguridad con el poni de delante. Recuerda: el poni de delante puede darte una coz si montas demasiado cerca.

Atento a las letras

Por lo general, alrededor del picadero hay una serie de letras marcadas. Si el instructor te dice que hagas algo en una letra, dale las indicaciones a tu poni con tiempo de sobra.

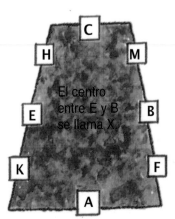

El centro entre E y B se llama X.

C
H   M
E   B
K   F
A

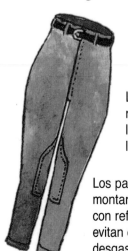

Intenta hacer que tu poni te obedezca cuando tus hombros estén a la altura de la letra elegida.

La ropa de montar

Éstas son algunas prendas que quizá quieras comprar si montas mucho. La ropa de diario se gasta rápidamente. A menudo esta ropa se puede comprar de segunda mano en algunas escuelas de equitación.

Las botas de montar son cómodas y resistentes.

Las botas altas de montar se ajustan a la pierna mejor que las de goma.

Los pantalones de montar son elásticos, con refuerzos que evitan que se desgasten.

Cómo galopar

Cuando sepas ir bien al trote, podrás aprender a galopar. El galope es más rápido pero más suave que el trote.

Cómo pedir a tu poni que galope:

1. Empieza el galope en una esquina del picadero. Haz que tu poni trote seguido hasta la esquina.

Recuerda sentarte erguido, pero no rígido.

Tu pierna exterior es la que está más cerca de la valla del picadero. Muévela hacia atrás tanto como aparece en esta fotografía para indicarle al poni que galope.

Intenta practicar el giro a la izquierda y a la derecha, de tal forma que las dos piernas tengan la oportunidad de ser la pierna exterior al menos una vez.

Cuando empieces a galopar coloca de nuevo tu pierna exterior en su sitio.

2. Deja de subir y bajar cuando empieces a dar el giro. Mueve tu pierna exterior un poco hacia atrás y taconea el lateral de tu poni.

3. Al taconear al poni, di con firmeza «al galope». Los ponis, cuando galopan, parecen mecerse adelante y atrás.

4. Siéntate y deja que tus manos se muevan de tal forma que no tires de ellas. Procura sentarte erguido.

Cómo se mueve el poni

La pata guía siempre está delante de las otras cuando está en el suelo.

Cuando un poni galopa, los golpes de los cascos van en grupos de tres. Primero apoya una pata trasera.

A continuación apoya la otra pata trasera junto a la pata delantera del lado contrario.

Por último, el poni apoya la otra pata delantera. Ésta es la pata guía. Siempre es la última en ser apoyada.

Cómo retomar el trote

Es más fácil volver a poner al poni al galope en uno de los lados rectos del picadero.

Para pedir al poni que vuelva a trotar, primero acorta las riendas (ver página 10). Esto ayuda a que el poni sienta en la boca las órdenes que das con las riendas. Después, junta las piernas con firmeza, presiona y di «al trote».

Cómo mantenerte estable

Si permaneces calmado y relajado, tu poni galopará con mucha más facilidad.

Debes sentir que estás inclinado hacia delante, sujetarte de la silla te ayudará a estar derecho.

Al principio, galopa sólo unos pocos pasos cada vez hasta que te acostumbres. Para empezar, pon las riendas en la mano exterior y con la otra mano sujétate a la parte frontal de la silla.

Balancear las piernas

Sujeta las riendas con una mano.

Practica a mover una pierna por sí misma mientras el poni va al paso. Saca el pie del estribo, levanta los estribos y crúzalos por delante de la silla. Ahora, balancea una pierna hacia atrás y hacia delante desde la rodilla. Intenta mantener quieta la otra pierna.

Ponis desobedientes

En ocasiones puede que un poni se limite a trotar más rápido cuando le has pedido que galope. Si esto pasa, ve reduciendo hasta un trote constante a lo largo de uno de los lados rectos del picadero y en la siguiente esquina vuelve a pedirle que galope.

Tu poni puede galopar con más facilidad si se lo pides justo cuando pasa por encima de una barra.

Tu instructor podrá colocar una barra en una esquina.

Cómo saltar

Cuando un poni salta puedes sentir cómo estira el cuello y cómo brinca hacia arriba y hacia delante. Te resultará más fácil mantener el equilibrio si te inclinas hacia delante en el momento en que el poni salta. A esto se le llama la posición de salto.

Practica la posición de salto

Puedes practicar la posición de salto mientras tu poni está quieto. Manteniendo la espalda recta echa el tronco hacia delante desde las caderas. A esto se le llama inclinarse (ver abajo). Empuja los talones hacia abajo al mismo tiempo.

Si te resulta difícil, acorta los estribos uno o dos agujeros e inténtalo de nuevo.

Debes deslizar el trasero hacia atrás en la silla.

Inclinarse hacia delante

Mantén la espalda recta.

Flexiónate desde las caderas, no desde la cintura.

Cuando vayas en la posición de salto, intenta echarte hacia delante desde las caderas. Esto te asegurará estar lo suficientemente hacia delante como para mantener el equilibrio cuando el poni salte. Al principio, ensaya esta posición sin el caballo.

Pasar por encima de barras

Condúcele recto por la parte central de las barras.

Quédate en la posición de salto hasta que pases todas las barras.

Para practicar la posición con el poni en movimiento, camina o trota sobre barras. Cuando tu poni da un paso sobre una barra, estira el cuello. Empuja tus manos hacia su boca para no tirar con las riendas hacia atrás.

20

Montar para saltar

Ve derecho por la parte central del salto.

Espectáculo de saltos

Las barras se caen con facilidad si las tocas.

Los saltadores de obstáculos montan en un circuito con distintos obstáculos de colores. Tienen que intentar saltar por encima de todas las vallas sin tirar ninguna.

Una vez que sepas pasar bien las barras, puedes hacer que el caballo trote sobre un pequeño obstáculo. Mantén la cadencia del trote hasta llegar al salto.

Inclínate hacia delante desde las caderas pero mantén el trasero en la silla cuando saltes. Mira al frente, no hacia abajo.

Pasar por encima de un salto

Al despegar el poni tu trasero ha de estar levantado.

No dobles la espalda.

Las manos deben llegar bien delante de su cuello.

Mantén los talones hacia abajo.

1. Mantén las piernas apretadas contra la silla con firmeza. Inclínate hacia delante cuando el poni empiece a despegar, y empuja hacia abajo con los talones para mantener el equilibrio.

2. Sigue mirando al frente, pero deja que tus manos vayan hacia delante cuando el poni estire el cuello por encima del salto.

3. Cuando el poni toque el suelo y tú aterrices en la silla, empieza a sentarte. Prepárate para guiar al poni adonde quieras ir después.

21

Juegos y salidas

Cuando vayas mejorando y tengas más experiencia como jinete podrás divertirte haciendo cosas diferentes con tu poni.

Montar en el exterior

Al principio, cuando quieras montar fuera del picadero, un jinete experimentado te guiará desde su caballo para controlar tu poni. Si vas a ir por carretera, mantente en el arcén de tal forma que los coches puedan adelantarte con facilidad. Aunque es más seguro y divertido montar por caminos y campos abiertos. Tu instructor puede llevarte a montar fuera durante una clase.

Ponis golosos

Riendas auxiliares.

En ocasiones puede que tu poni se pare a comer hierba. Haz que siga caminando taconeando con fuerza con ambas piernas. Si lo crees necesario, tira también de las riendas para levantarle la cabeza.

Si esto no funciona, puedes colocarle unas cintas o riendas auxiliares. Van desde la brida hasta la silla e impiden que el poni baje la cabeza para pastar.

Dar recompensas

Mantén la mano plana mientras sostienes la recompensa.

Puede que quieras recompensar a tu poni con una manzana o una zanahoria después de montar, pero siempre pregunta primero a tu instructor. Corta las zanahorias longitudinalmente para que el poni no se atragante.

Yincanas

Los espectáculos de caballos a menudo tienen también competiciones para ponis llamadas yincanas. Quizás quieras unirte a un club de ponis que organice yincanas para sus miembros. Debes buscar en el directorio telefónico de tu lugar de residencia.

Uno de los juegos en los que puedes participar es la carrera de sacos. Todos los participantes conducen a sus caballos hasta una línea de sacos, desmontan y cogen un saco. Después, metidos en los sacos, llevan de las riendas al poni de nuevo hasta la salida.

Puedes cruzar los estribos sobre la silla para evitar que vayan colgando.

Prueba con postes

Cada poni corre a lo largo de su propia línea de postes.

En este juego, conduces a tu poni zigzagueando por una línea de postes. Después, rodeas el último poste y vuelves hasta la salida de nuevo sorteando los postes.

Carrera de banderas

Hay un juego de banderas y una tina por cada participante

Partes desde una tina. Corres hacia el juego de banderas, coges una, vuelves a la tina y tiras en ella la bandera. Así hasta coger todas las banderas.

Escarapelas

Si llegas el primero, el segundo o el tercero, puedes ganar una escarapela. Pero, incluso si eres el último, recuerda acariciar a tu poni por haberlo intentado.

En el establo

La mayoría de los ponis pasan parte del día dentro del establo. Allí descansan por el tiempo que han estado fuera en el campo y pueden comer hierba.

Aunque seas un jinete novato, puedes ayudar en los establos.

El establo de un poni

En cada uno de estos compartimentos se puede atar un poni. Este tipo de establo tiene más cabida en menos espacio y los ponis tienen compañía.

Otro tipo de establos son como pequeñas habitaciones en las que el poni puede estar suelto, moverse con libertad y tumbarse con facilidad.

La paja hace que el suelo sea cómodo para estar de pie. Cada día hay que limpiar el establo, es decir, retirar la paja sucia y los excrementos de los ponis.

¿Qué come un poni?

Los ponis toman otros alimentos además de hierba. Aquí tienes algunos ejemplos de lo que pueden comer y beber.

Los ponis necesitan tener cerca agua limpia.

La comida para ponis está hecha con picado de hierba y cereales.

El heno es hierba seca. Se embute en redes que se atan en el establo del poni.

La avena es como las gachas de avena pero todavía con cáscara.

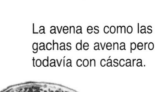

El salvado procede del trigo.

Si los ponis comen demasiado, enferman, así que nunca des de comer a un poni hasta haber preguntado a un adulto.

Cómo asir a un poni

Cuando quieras sacar un poni al campo, necesitarás usar un ronzal como éste. Llévatelo cuando salgas y abrocha la muserola antes de acercarte al poni.

El ramal.

La tira de la cabeza.

La muserola.

Las primeras veces pídele a un adulto que te ayude.

La muserola va más o menos a mitad del hocico.

Sujeta la cuerda si el poni se mueve.

1. Llama al poni por su nombre y acércate con calma hasta su hombro. Pasa el ramal por el cuello del poni.

2. Desliza la muserola por el hocico del poni. Después, ata la tira de la cabeza junto a la oreja del poni.

3. Ahora, quita la cuerda del cuello del poni. Sujetando la cuerda di «arre», para conducirlo hasta su establo.

Cómo atar a un poni

La mayoría de los establos tienen argollas de metal en la pared. Ata a tu poni con un mosquetón fijado a la argolla.

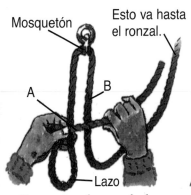

Mosquetón

Esto va hasta el ronzal.

A

B

Lazo

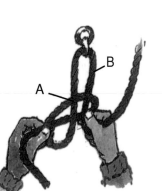

B

A

A

B

Tira del lado A para apretar el nudo.

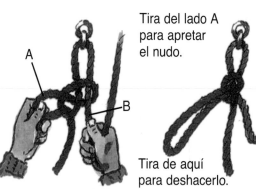

Tira de aquí para deshacerlo.

Empuja el ramal de tu poni a través del mosquetón. Haz un lazo con la cuerda y pasa el lado A por encima del B.

Pasa A por detrás del primer lazo. Haz otro lazo con el extremo de A y pásalo por la mitad del primer lazo (tercer dibujo).

Para deshacer el nudo, tira fuerte del extremo libre de la cuerda. Haz siempre un nudo como éste, para poder deshacerlo rápido.

La higiene del poni

Para estar limpios, los ponis necesitan que los cepillen. A esto se le llama asear al poni. Antes de empezar, ata al poni para que se esté quieto.

Qué utensilios utilizar

Aquí tienes algunos de los utensilios que necesitas para asear a tu poni. Cuando los vayas a utilizar por primera vez, pide a un instructor que te enseñe cómo hacerlo. Puedes llevar todos los utensilios juntos en una caja como esta.

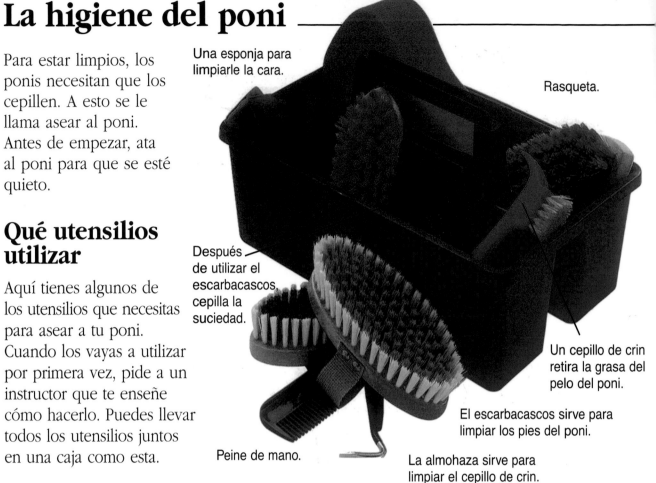

Una esponja para limpiarle la cara.

Rasqueta.

Después de utilizar el escarbacascos, cepilla la suciedad.

Un cepillo de crin retira la grasa del pelo del poni.

El escarbacascos sirve para limpiar los pies del poni.

La almohaza sirve para limpiar el cepillo de crin.

Peine de mano.

Cómo utilizar el escarbacascos

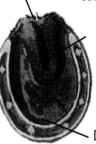

Talón.

La mayor parte del interior de un casco es cuerno duro.

Esta es una parte blanda que se llama ranilla.

Dedos.

Los ponis llevan herraduras de metal para evitar que sus cascos se deterioren.

Desliza tu mano hacia abajo desde lo más alto de cada pata.

Sujeta el pie con firmeza.

Los cascos o pezuñas de los ponis son huecos, por lo que la suciedad se queda atrapada dentro. El dibujo de arriba muestra la parte inferior de una pezuña.

Para limpiar las pezuñas por dentro, pide a tu poni que levante de una en una las pezuñas deslizando tu mano por su pata hacia abajo y diciendo «arriba».

Empieza a limpiar desde el talón hacia los dedos, al lado de la ranilla, para sacar la suciedad. Ten cuidado de no clavarle el gancho en la ranilla.

Cómo cepillar a un poni

Asea a tu poni en cuanto se seque su pelaje después de haber montado.

Pasa la almohaza hacia fuera, como en el dibujo.

Barre el cepillo hacia atrás y hacia delante.

Busca cortes en la piel de tu poni. Si encuentras alguno díselo a un adulto. Frota el barro y el sudor seco con la rasqueta. Araña bastante, así que no la utilices para la cabeza del poni.

Utiliza el cepillo de crin en largas y firmes pasadas por todo el cuerpo. Apóyate en él un poco de modo que lo empujes por el pelaje. Cepilla en la dirección en la que crece el pelo.

Cuando estés cepillando ten preparada la almohaza en la otra mano. Cada poco, limpia la grasa y la suciedad del cepillo de crin frotando la almohaza contra él.

Un pelaje impermeable

Ten mucho cuidado de no dañar los ojos ni las fosas nasales del poni.

Colócate a un lado cuando le cepilles la cola.

Los ponis que viven a la intemperie se asean unos a otros utilizando los labios y los dientes.

No te preocupes si le das tirones en las crines o la cola. A los ponis les gusta.

Deja la almohaza y sujeta la nariz del poni con tu mano libre. Esto hará que tenga la cabeza quieta mientras le cepillas.

Cepíllale la cola y las crines por mechones con el cepillo de crin. Si están muy enredadas, sepáralas un poco con las manos primero.

Muchos ponis pasan la noche a la intemperie. Una grasa natural de su pelaje les permite estar abrigados y secos. A estos ponis solo hay que asearlos un poco para no retirarles demasiada grasa del pelo.

Cómo poner los arreos al poni _____

Poner los arreos al poni es ensillarlo y embridarlo. Conlleva su práctica, así que pide a alguien que te ayude mientras aprendes.

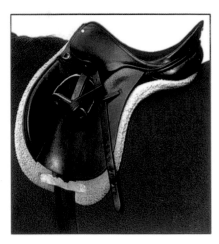

Una silla bien ajustada no debería tocar el lomo del poni ni apretarle los hombros. Ata a tu poni antes de ponerle nada encima.

Ensillar

Faldón de la montura.

Cincha

Utiliza las dos correas delanteras.

1. Levanta el faldón derecho de la silla. Comprueba que el extremo de la cincha está abrochado a la correa de debajo del faldón.

Desliza la silla hacia atrás para que el pelo quede aplastado bajo la silla.

Los dos estribos deben estar corridos hacia arriba (ver página 14).

2. Deja la cincha por encima de la silla y ve al lado izquierdo del poni. Levanta la silla hasta los hombros del poni y colócala en su sitio.

Nunca rodees al poni por detrás. Agáchate por debajo de la cuerda para cambiar de lado.

3. Ve por la parte delantera del poni y pasa de nuevo la cincha por encima de la silla, de tal forma que quede colgando. Después, vuelve al lado izquierdo.

Utiliza aquí también las correas delanteras.

4. Ahora coge el extremo de la cincha y pásalo por debajo de la barriga del poni. Abróchala en la correa que hay debajo del faldón izquierdo.

Mantén la mano plana.

5. Recuerda pasar la mano por debajo de la cincha para asegurarte de que no pellizca por ningún lado la piel del poni. Compruébalo por los dos lados.

Embridar

Riendas.

Ahogadero.

Muserola.

Bocado

Suelta esta hebilla del ronzal.

Mantén los demás dedos fuera de la boca del poni.

1. Asegúrate de que las hebillas de la muserola y del ahogadero están desatadas. Lo demás permanece como está.

2. Sitúate en el lado izquierdo del poni. Pasa las riendas por encima de su cabeza hasta dejarlas sobre el cuello. Después, desata el ronzal y quítaselo.

3. Deja el bocado en tu mano izquierda. Abre la boca del poni y presiona la esquina con el pulgar, después desliza el bocado dentro.

Saca con cuidado las orejas del poni.

Hebilla.

4. Pasa la parte alta de la cabezada por encima de las orejas del poni. Arregla bien cualquier mechón de crin que haya podido quedar atrapado con la brida.

5. Ata la correa del ahogadero. El ahogadero se ajusta un poco suelto. Tendrías que poder meter tu mano como aparece en el dibujo.

6. Por último, abrocha la muserola. Tiene que estar lo suficientemente suelta como para que te quepan dos dedos.

Cómo quitar los arreos al poni _____

Quitarle los arreos al poni es desensillarlo y desembridarlo. Conduce al poni hasta su establo antes de realizar esta operación. También necesitas llevar contigo su ronzal.

Desembridar

Hebilla del ahogadero.

Hebilla de la muserola.

Una vez que hayas llegado al poni hasta el establo, recuerda apoyarle las riendas sobre el cuello. Nunca dejes que queden colgando.

1. Desata la hebilla de la muserola, justo encima de la barbilla del poni. Después desata la hebilla del ahogadero (suele estar en el lado izquierdo).

2. Levanta la parte superior de la brida y con cuidado pásala por encima de las orejas del poni. Descansa tu mano izquierda sobre el hocico del poni para evitar que levante la cabeza.

No dejes que el bocado choque contra los dientes del poni. Es muy doloroso.

Sujeta al poni por las riendas si trata de echar a andar.

Asegura las riendas en tu hombro mientras atas al poni.

3. Pon tu mano derecha debajo de la barbilla del poni. Súbela para sujetar la brida y deslizar con cuidado el bocado fuera de la boca del poni.

4. Deja la brida sobre tu hombro mientras le colocas y atas el ronzar al poni (ver página 25).

5. Pasa las riendas por encima de la cabeza del poni, levantándolas por encima de sus orejas. Pon la brida en lugar seguro mientras desensillas.

Desensillar

Desabrocha ambas correas.

1. Empieza por el lado izquierdo del poni. Levanta el faldón izquierdo y sujétalo arriba mientras desabrochas las correas de la cincha.

2. Mantén sujeta la cincha. Si cae puede golpear las patas del poni. Haz bajar la cincha despacio y déjala colgando pero sin que se balancee.

3. Rodea al poni por delante. Coge la cincha por el otro lado y pliégala por encima de la silla.

4. Coloca una mano en la parte frontal de la montura y otra en la parte trasera. Con cuidado, desliza la silla fuera del caballo.

Guardar los arreos

Una vez que hayas terminado de quitar los arreos al poni, deberás guardar la silla y la brida. Todos los arreos se guardan en el llamado cuarto de arreos.

Las sillas se colocan en largas estanterías planas. Las bridas se cuelgan de ganchos redondos.

Deberás llevar la brida al hombro, como una mochila. Para llevar la silla, cógela por debajo con ambas manos y apóyala contra tu pecho.

Un cuarto de arreos está lleno con los equipos para montar.

Limpiar y sacar brillo a los arreos ayuda a que se mantengan en buenas condiciones.

Si necesitas dejar la silla en el suelo un momento antes de guardarla, ponla de pie como en la fotografía.

Índice

Agradecimientos

Ben y Daniel Edmed, Philippa Howe, Madelaine Kasch, Holly Samuel, Annabel y Camilla Swift.
Gaynor Osborne, Teresa Watson y todos los miembros de Bradbourne Riding and Training Centre, Sevenoak.
Chloe Albert y los jinetes y ponis del Trent Park Equestrian Centre.
Hannah Paul y Ian McNee.

Título original: *Starting Riding*
Traducción: *Begoña Loza*
Corrección: *Carmen Blázquez*
Diseño: *Joe Pedley*
Ilustración: *Norman Young*
Fotografía: *Kit Houghton*
Con el asesoramiento de *Jane Pidcock* B.H.S.A.I.
Estudio de fotografía: *Howard Allman*

© Usborne Publishing Ltd.
© SUSAETA EDICIONES, S.A. - Obra colectiva
Campezo, 13 - 28022 Madrid
Tel.: 91 3009100 - Fax: 91 3009118
www.susaeta.com